Pe. JOSÉ BORTOLINI

O Evangelho de Paulo

EDITORA
SANTUÁRIO

DIREÇÃO EDITORIAL:
Pe. Fábio Evaristo R. Silva, C.Ss.R.

COPIDESQUE:
Bruna Vieira da Silva

CONSELHO EDITORIAL:
Ferdinando Mancilio, C.Ss.R.
Marlos Aurélio, C.Ss.R.
Mauro Vilela, C.Ss.R.
Ronaldo S. de Pádua, C.Ss.R.
Victor Hugo Lapenta, C.Ss.R.

REVISÃO:
Sofia Machado

DIAGRAMAÇÃO E CAPA:
Bruno Olivoto

COORDENAÇÃO EDITORIAL:
Ana Lúcia de Castro Leite

Dados Internacionais de Catalogação na Publicação (CIP) de acordo com ISBD

B739e	Bortolini, José
	O Evangelho de Paulo / José Bortolini. - Aparecida, SP : Editora Santuário, 2019.
	80 p. ; 12cm x 19cm.
	Inclui índice.
	ISBN: 978-85-369-0569-3
	1. Bíblia. 2. Evangelho. 3. Evangelho de Paulo. 4. Cristianismo. I. Título.
2018-1637	CDD 220
	CDU 22

Elaborado por Vagner Rodolfo da Silva - CRB-8/9410

Índice para catálogo sistemático:
1. Bíblia 220
2. Bíblia 22

1ª impressão

Todos os direitos reservados à **EDITORA SANTUÁRIO** – 2019

Rua Pe. Claro Monteiro, 342 – 12570-000 – Aparecida-SP
Tel.: 12 3104-2000 – Televendas: 0800 - 16 00 04
www.editorasantuario.com.br
vendas@editorasantuario.com.br

O Evangelho
de Paulo

INTRODUÇÃO

Depois de quase cinquenta anos em contato permanente com os escritos de Paulo, recuso-me, terminantemente, afirmar que ele é figura complexa e os textos a ele atribuídos não são de fácil compreensão. Prefiro mostrá-lo como figura polivalente e evolutiva, adjetivos que calham bem também a seus textos, que traduzem seu pensamento. Alguns, talvez, prefeririam um Paulo asséptico que escreveu textos válidos para todos os tempos e lugares, e isso não me parece justo. Essas pessoas, quando deparam com um texto de Paulo que destoa do pensamento geral do Apóstolo, contentam-se afirmando simplesmente que "talvez não pertença a Paulo" ou "provavelmente é inserção posterior" etc.

Com alguns exemplos talvez eu seja mais feliz na explanação daquilo que penso:

1. Diante de alguém que afirme "Paulo nada fez para combater a escravidão. Veja-se, por exemplo, a carta aos Efésios, capítulo 6", somos tentados a resolver a questão simplesmente afirmando que essa carta – na verdade, não pertence ao gênero literário "carta" – talvez não seja de Paulo. Contudo, o texto permanece aí, é um livro do Novo Testamento...

2. "1 Coríntios 13 e Filipenses 2,5-11 são poesia e, provavelmente, eram usados nas celebrações. Por serem poesia, não é Paulo seu autor." Podemos replicar: quem garante que Paulo não tenha aprendido as técnicas da poesia, ele que estudou o Antigo Testamento em hebraico? Onde está dito que Paulo só sabia escrever em prosa?

3. "Paulo era misógino, via as mulheres com a visão conservadora do Judaísmo do 1º século de nossa era. E o texto de 1 Coríntios 14,33b e seguintes o confirma, pois manda as mulheres calar na assembleia." A isso alguém poderia rebater: "Há muitos estudiosos garantindo que esse trecho é inserção posterior". Porém, isso não resolve o caso. O texto continua aí, desafiador...

E poderíamos continuar com outros exemplos. Contudo, aquilo que apresentamos já é suficiente para esclarecer os dois adjetivos dados a ele e a seus textos.

É nesse contexto que se insere este singelo trabalho, que pretende ser uma lanterna acesa no escuro para que não tropecemos. Em outras palavras: a finalidade deste livrinho é mostrar que, no emaranhado da vida de Paulo e seus escritos, há um ponto firme, um "norte", como se costuma dizer. Paulo tinha clareza acerca desse ponto, e nós tentamos descobrir qual é. Dentre os muitos livros que já li sobre Paulo e suas cartas, nunca encontrei uma proposta clara que diga: o ponto central de onde parte toda a reflexão paulina, o paradigma para o qual se voltam todas as questões abordadas, é chamado de *evangelho,* ou *evangelho de Deus*, ou simplesmente *meu evangelho*, expressões que Paulo usa com certa frequência. Tudo parte daí, tudo aí retorna, tudo aí se espelha, tudo aí se confronta, tudo aí se modifica, tudo aí se conserva.

Essa minha opinião foi amadurecendo ao longo de décadas, e fico feliz, mesmo que alguém discorde, se simplesmente chegarmos ao acordo de que existe, na literatura paulina, um ponto fixo de onde tudo parte e para onde tudo chega.

I
O EVANGELHO DE PAULO

1. O significado da palavra "evangelho"

A palavra "evangelho" vem do grego *euaggélion* e significa "boa notícia".[1] No Novo Testamento, esse termo aparece 76 vezes.[2] Quem mais o emprega é Paulo. Se levarmos em conta todas as cartas atribuídas ao Apóstolo, tanto as cartas autenticamente de Paulo quanto aquelas acerca das quais há incerteza de que ele seja o autor,[3] chegamos a 60 citações.

Antes de Paulo, a palavra era usada com significado diferente. O sentido inicial, isento de qualquer conotação religiosa, era este: a gorjeta dada ao portador de boas notícias entre as famílias abastadas. Com o passar dos tempos, "evangelho" passou a significar a própria notícia boa. Parece ser este o ponto de partida de Paulo: ele tem uma boa notícia para transmitir. E é disso que nos ocuparemos em seguida.

No Novo Testamento temos 4 livros conhecidos como evangelhos. Mas uma coisa é certa e deve ser levada em conta: todas as cartas de Paulo são anteriores aos evangelhos, segundo Marcos, Mateus, Lucas e João. Se devêssemos ler o Novo Testamento seguindo uma provável ordem cronológica, deveríamos, antes de chegar a Marcos, ler todas as cartas de Paulo, começando por 1 Tessalonicenses e terminando em 2 Timóteo, na qual Paulo não vê mais chances de sobrevivência, e escreve uma espécie de "testamento espiritual" ao seu mais estreito colaborador. Sem dúvida, 1 Tessalonicenses é o texto mais antigo do Novo Testamento, e foi escrita no ano 51. Entre os anos 51 e 67 (limite máximo), todas as cartas de Paulo nasceram, foram divulgadas, lidas e conservadas. Não temos com exatidão a data de cada uma delas, mas com certeza podemos afirmar o seguinte: todas as cartas de Paulo são anteriores ao aparecimento do evangelho mais antigo – Marcos – surgido por volta do ano 68, sendo que a morte de Paulo não ultrapassa essa data. Sua última carta – 2 Timóteo – que tem sabor de despedida, não foi escrita depois do ano 67, data-limite para o martírio de Paulo.

Assim sendo, podemos então afirmar que Paulo é o primeiro autor do Novo Testamento a usar – com sentido religioso – a palavra "evangelho". Pergunta-se então: Teria Marcos – o mais antigo dos quatro evangelhos – tomado de Paulo a inspiração para escrever o evangelho ao qual empresta seu

I. O Evangelho de Paulo

nome? Não se sabe. Mas os dois concordam em um ponto – aliás, deveríamos dizer melhor: Marcos concorda com Paulo em um ponto, ou seja: evangelho não é um livro, mas *uma pessoa e sua ação*. Entretanto isso será desenvolvido adiante.

Hoje, para termos em mãos um evangelho é suficiente ir a uma livraria especializada. Nela, encontramos Bíblias e separatas dos evangelhos em profusão. É só escolher e adquirir: saímos de lá com um evangelho (ou mais) nas mãos. Nos tempos de Paulo, porém, isso era impossível. Embora conhecesse o Antigo Testamento nas línguas originais e, desde criança, tivesse acessado a mais antiga versão grega desses originais,[4] ele não dispunha de textos dos evangelhos. A quem recorrer quando necessário? Paulo chama para si a responsabilidade, pedindo às pessoas que o imitem, e assim terão a certeza de estar no caminho certo: "Sejam meus imitadores", repete várias vezes em suas cartas. "Já não sou eu que vivo, é Cristo que vive em mim", garante ao escrever a carta aos Gálatas. Ele, portanto, é o evangelho vivo, vive intensa e plenamente o Evangelho de Jesus Cristo.

Quantos evangelhos há – não no sentido de livro impresso, e sim significando um conteúdo? Deixemos que o próprio Paulo responda mediante a carta aos Gálatas, escrita em um clima tenso e nervoso:

> "Admiro-me[5] de que tão depressa abandoneis aquele que vos chamou pela graça de Cristo, e passeis a outro evangelho. Não que haja ou-

tro, mas há alguns que vos estão perturbando e querendo corromper o Evangelho de Cristo. Entretanto, se alguém – ainda que nós mesmos ou um anjo do céu – vos anunciar um evangelho diferente do que vos anunciamos, seja anátema. Como já vo-lo dissemos, volto a dizê-lo agora: se alguém vos anunciar um evangelho diferente do que recebestes, seja anátema" (Gl 1,6-9).

Ou esta outra passagem de 2 Coríntios, em clima tenso, como a carta aos Gálatas:

"Com efeito, se vem alguém e vos proclama outro Jesus diferente daquele que proclamamos, ou acolheis um espírito diverso do que recebestes ou um evangelho diverso daquele que abraçastes, vós o suportais de bom grado" (2Cor 11,4).

Era o que estava acontecendo nas igrejas domésticas[6] de Corinto. Para reforçar essa ideia, Paulo evoca o fato que também os outros apóstolos pensam do mesmo jeito e defendem as mesmas afirmações (1Cor 15,11).

2. Paulo "apóstolo"?

Havia um grupo de cristãos (também apóstolos) que negava a Paulo esse título. Provavelmente esse grupo atuava em Jerusalém e, grosso modo, afirmava o seguinte: o título "apóstolo" é exclusivo do grupo dos Doze, pois o próprio Jesus o decidiu. De

I. O Evangelho de Paulo

fato, lendo os evangelhos, encontramos as coisas desse jeito (veja, por exemplo, Mateus 10,2-3). Mas é lícito desconfiar, perguntando: será que Jesus teria desejado que esse título fosse privativo dos Doze? Inquieta-nos o relato do início dos Atos dos Apóstolos, embora não pretendamos entrar no mérito da questão. Mas pode-se perguntar: o que está por trás da escolha de Matias em substituição de Judas Iscariotes, de modo que o grupo dos Doze continue intocável? E Lucas, autor dos Atos dos Apóstolos, concorda com isso?[7] Se *apóstolo* fosse privilégio de alguns, com a morte do último dos Doze desapareceria esse título? E, questão fundamental: ser chamado *apóstolo* é privilégio ou compromisso maior?

De fato, dependendo do ponto de vista, as pessoas que defendiam essa ideia corriam o risco de olhar somente os privilégios conferidos por esse título. E quais seriam? Lendo o que está por trás das perguntas do início do capítulo 9 de 1 Coríntios, descobrimos pelo menos isto: 1. Para usar o título *apóstolo* é preciso ter visto o Senhor, ou seja, ter estado com Ele, como os Doze. 2. Ter o poder de fundar comunidades cristãs, segundo o envio recebido do Senhor.[8] 3. Viver à custa da comunidade, tanto a pessoa enviada quanto aqueles que a acompanham. O apóstolo sinta-se livre para exigir essas facilidades, sem alimentar escrúpulos, pois o próprio Senhor declarou que o trabalhador tem direito a seu salário (veja Mateus 10,10).

A acusação contra Paulo é que ele não se sente livre para exigir que as comunidades, por ele fundadas (a "obra no Senhor" de 1 Coríntios 9,1), sustentem-o, como acontece com outros apóstolos "irmãos do Senhor e Cefas" 9,5) e, pelo menos em Corinto, não quer ser peso para ninguém. Aliás, esse tema foi o estopim do conflito nessa cidade, pois a ela chegaram alguns daqueles que Paulo chama de "superapóstolos", com cartas de apresentação e tantas outras exigências. A síntese que ele faz desses chamados "traficantes da Palavra de Deus" (2Cor 2,17) é cruel. Em vez de pregar o evangelho, pregam a si mesmos e seus privilégios, mas aceitando essa condição os coríntios vão terminar nesta situação: "Suportais que vos escravizem, que vos devorem, que vos despojem, que vos tratem com soberba, que vos esbofeteiem" (2Cor 11,20). Esses cinco verbos dizem tudo. E os coríntios acabam escravos dos privilégios dos missionários.

Paulo entendeu de forma totalmente diferente o que significa ser *apóstolo*. Para ele, todos os que, mediante o anúncio de Jesus Cristo, se tornam cristãos, são filhos dele. E ele, na qualidade de pai, deve providenciar o sustento dos filhos: "Não são os filhos que devem acumular bens para os pais, mas, sim, os pais para os filhos" (2Cor 12,14). Mais ainda: ele não é somente pai; é também mãe: "Meus filhos, por quem sofro de novo as dores do parto, até que Cristo seja formado em vós" (Gl 4,19); "Ainda que nós, na qualidade de apóstolo de Cristo, pudéssemos fazer valer nossa autoridade... apresentamo-nos no meio de vós cheios de bondade, como uma mãe que acaricia os filhinhos" (1Ts 2,7).

I. O Evangelho de Paulo

> **O mutirão internacional de solidariedade**
>
> Diante do pedido das lideranças de Jerusalém para que se lembrasse dos pobres dessa cidade (veja Gálatas 2,10), Paulo organizou um mutirão internacional de solidariedade envolvendo a Galácia (1 Coríntios 16,1), a Macedônia (2 Coríntios 8) e a Acaia (2 Coríntios 9). Alguém poderia perguntar: "Onde foi parar o 'não havia necessitados entre eles, pois tudo era partilhado', dito acerca dos cristãos de Jerusalém?" Catástrofes naturais, tais como a estiagem prolongada e o terremoto derrotaram esse ideal, pois nada mais havia para partilhar. Em Corinto, outro(s) mal-intencionado(s) e supercrítico(s) dizia(m), caluniando (e talvez atiçado(s) pelos "superapóstolos"): "Paulo não quis entre nós ser remunerado, mas é esperto, pois com essa coleta acabará despojando-nos" (veja 2 Coríntios 12,16-19).

Nesse sentido, é interessante perceber como ele se apresenta no início das cartas. A título de amostragem, veja isto: quando na(s) comunidade(s) o clima é sereno e pacífico, ele deixa de lado o título de *apóstolo*. É o caso da primeira carta que escreveu – democraticamente, pois são três, embora Paulo sobressaia – ele não emprega esse título. Na carta aos Filipenses, ele e Timóteo se apresentam como servos. Mas nas cartas em que o clima é tenso e sua condição de *apóstolo*, de alguma forma, é posta em dúvida, ele é incisivo, às vezes, tomando distância de outras pessoas que estão com ele. É o caso da primeira carta aos Coríntios: ele é "chamado a ser apóstolo por vontade de Cristo Jesus", e Sóstenes, que o acompanha, recebe o apelativo de "irmão" (1Cor 1,1). Em 2 Coríntios 1,1 temos praticamente o mesmo fenômeno: Timóteo é apresentado como "irmão", e Paulo faz questão de salientar sua condição de "apóstolo de Cristo Jesus pela vontade de Deus".

Na carta aos Gálatas – escrita em um clima tenso – a ênfase é ainda maior: "Paulo, apóstolo – não da parte dos homens nem por intermédio de um homem, mas por Jesus Cristo e Deus Pai que o ressuscitou dentre os mortos – e todos os irmãos que estão comigo, às igrejas da Galácia" (Gl 1,1-2). Paulo descreve a origem de seu título de *apóstolo*, atribuindo a ele a procedência de Deus.

A carta aos Romanos – embora não tenha sido ele o fundador das igrejas domésticas na capital do império romano – também começa reforçando a mesma ideia. Paulo precisa deixar claro que é apóstolo, pois está escrevendo "com certa ousadia" (Rm 15,15) para comunidades que não fundou, gesto que, de certa forma, contradiz o princípio que ele próprio chama de "nossa regra":[9]

> "Paulo, servo de Cristo Jesus, chamado para ser apóstolo, escolhido para anunciar o evangelho de Deus, que ele já havia prometido por meio

I. O Evangelho de Paulo

dos seus profetas nas Sagradas Escrituras e que diz respeito a seu Filho, nascido da estirpe de Davi segundo a carne, estabelecido Filho de Deus com poder por sua ressurreição dos mortos..." (Rm 1,1-4a).

Por aí se vê como Paulo implode a ideia tacanha de que apóstolos são somente aquele grupo fechado dos Doze, pois a iniciativa de ser apóstolo não vem das pessoas, mas do próprio Deus. E vai além.

Em Romanos 16 envia saudações a dezenas de colaboradores,[10] com palavras elogiosas para muitos deles.[11] No versículo 7 citam-se Andrônico e Júnia, parentes de Paulo, seus companheiros de prisão e qualificados como "exímios apóstolos". Interessa-nos aqui o nome dessa mulher – talvez esposa de Andrônico. Alguns manuscritos antigos, escandalizados pelo fato de uma mulher ser chamada de apóstolo, masculinizaram o nome dela, acrescentando um 's' no fim, de sorte que a mulher Júnia se tornou o homem Júnias, atenuando, desse modo, o escândalo. Mas com certeza trata-se de Júnia, mulher apóstolo.

Esse exemplo serve para perceber como Paulo arrebenta as cercas que restringem o título de *apóstolo*: ele próprio, embora não pertencendo ao fechado grupo dos Doze, considera-se, sem meios-termos, apóstolo no sentido pleno da palavra, e como tal age, pois o apóstolo é Deus quem o faz, chamando-o e qualificando-o, e não depende da vontade de um ser humano, mas da vontade de Deus. Com isso, Paulo nos instrui, mostrando que ser apóstolo e agir consequentemente não tem limites ou barreiras que o impeçam, pois aquilo que é tacanho e mesquinho não resiste à vontade de Deus. É na qualidade de apóstolo que Paulo anuncia seu evangelho.

3. O "sacerdócio" de Paulo

Assim sendo, podemos fazer algumas afirmações que exigem, como resposta, um "sim" ou "certo". 1. Paulo não conheceu Jesus de Nazaré nem andou com ele. 2. Portanto, não participou da última ceia, conhecida como Santa Ceia. 3. Foi na última ceia que Jesus instituiu a Eucaristia e o Sacerdócio, dizendo: "Fazei isto em memória de mim". 4. Mais tarde, não se tem notícias de que algum dos Doze tenha imposto as mãos em Paulo, transmitindo-lhe o poder que possuía. 5. Apesar de tudo, nas comunidades de Paulo se celebrava a Ceia do Senhor. 6. Paulo, em suas cartas, nunca fala explicitamente de exercer o sacerdócio ordenado. 7. Não obstante tudo isso, em 1 Coríntios 11,17-34 se encontra o mais antigo texto da instituição da Eucaristia.

Agora, se quiséssemos encontrar um motivo para todas essas afirmações, ficaríamos sem resposta para algumas delas. Porém, é fato inédito que Paulo insinue ser portador de um sacerdócio diferente, que não procede de ninguém aqui nesta terra, mas é coisa que vem de Deus. Eis o texto mais significativo a esse respeito:

I. O Evangelho de Paulo

"Contudo, eu vos escrevi, e em parte com certa ousadia, mais no sentido de avivar a vossa memória, em virtude da graça que me foi concedida por Deus, de ser ministro de Cristo Jesus junto às nações a serviço do evangelho de Deus, a fim de que as nações se tornem oferta agradável, santificada pelo Espírito Santo" (Rm 15,15-16).

A linguagem é nitidamente litúrgica. Um olhar atento às palavras gregas,[2] [1]que estão por trás da tradução, pode ajudar a entender melhor. As palavras "ministro" (*leitourgón*, de onde vem *liturgia*), "serviço" (*ierourgounta* = aquele que age como sacerdote, exerce um ofício sagrado), "oferta agradável" (*prosforá* = oferta; *euprósdektos* = bem acolhida, agradável), "santificada" (*hegiasméne* = tornada santa, santificada).

O campo semântico[13] é, sem dúvida, o da liturgia. Paulo se considera portador de sacerdócio especial: apresentar a Deus as nações como ofertas para que Deus as aceite e sejam santificadas pelo Espírito Santo. Por muito tempo deu-se a ele o título de "doctor gentium" – mestre dos pagãos, mas aqui ele prefere ser chamado de "sacerdote das nações". Em grego, a palavra *prosforá* se compõe de uma preposição e um verbo, e literalmente significa "conduzir para perto", daí "apresentar", fazendo o gesto próprio da apresentação. É o mesmo gesto que o sacerdote católico executa ao apresentar a Deus as ofertas do pão e do vinho na celebração da Eucaristia. Tal gesto já era executado pelo sacerdote judeu ao apresentar uma oferenda a Deus. Salienta-se, no caso de Paulo, que esse sacerdócio é dom concedido gratuitamente. E, de acordo com 1 Coríntios 12,7, o dom vem acompanhado de destinação clara: deve servir ao bem de todos. Aquele que o recebe deve exercê-lo na condição de servo, pois foi para isso que Deus o escolheu.

Paulo tem consciência de que se trata de serviço, e na verdade ele se sente mais à vontade ao se considerar servidor em vez de ostentar o título de apóstolo. Só usa esse último em situações críticas, ou seja, quando sua condição de apóstolo foi rejeitada ou posta em dúvida, ou ainda, ao escrever, como aos Romanos, para comunidades que não fundou. Por exemplo:

* Romanos 1,1: "Paulo, servo de Cristo Jesus, chamado para ser apóstolo, escolhido para anunciar o evangelho de Deus..."
* "Pois não foi para batizar que Cristo me enviou, mas para anunciar o evangelho sem recorrer à sabedoria da linguagem..." (1Cor 1, 17).
* Mais extenso, sem deixar traços de dúvidas, é o endereço da carta aos Gálatas: "Paulo apóstolo – não da parte dos homens nem por intermédio de um homem, mas por Jesus Cristo e Deus Pai que o ressuscitou dentre os mortos – e todos os irmãos que estão comigo, às igrejas da Galácia" (Gl 1,1-3).

I. O Evangelho de Paulo

NOTAS

[1] Rusconi, C., *Dicionário do grego do Novo Testamento*, Paulus, São Paulo, 2003.
[2] VV.AA., *Dicionário de Paulo e suas cartas*, Vida Nova, Paulus, Loyola, São Paulo, 2008.
[3] Costuma-se, há mais de um século, separar as cartas em "autenticamente paulinas", isto é, cartas das quais não se duvida que seu autor é Paulo (Romanos, 1 e 2 Coríntios, Gálatas, Filipenses, 1 Tessalonicenses e Filêmon) e cartas acerca das quais – com maior ou menor peso – há dúvidas quanto ao autor (Efésios, Colossenses, 2 Tessalonicenses, Tito, 1 e 2 Timóteo). A tendência em nossos dias é pela inclusão, ou seja, considerar também essas últimas como cartas de Paulo.
[4] É a tradução para o grego conhecida como Setenta (em latim *Septuaginta*, ou simplesmente LXX), surgida mais de dois séculos antes de Cristo. Paulo, nascido fora da Palestina, teve seu primeiro contato com a Lei a partir dessa tradução, pois o grego era a língua comum naqueles territórios. Mais tarde, quando se mudou para Jerusalém, estudava o Antigo Testamento nas línguas originais (hebraico e aramaico).
[5] Seguimos e usamos a *Bíblia de Jerusalém*, nova edição, revista e ampliada, Paulus, São Paulo, 2002.
[6] Paulo não construiu nenhuma igreja feita de tijolos ou pedras. As comunidades que ele fundou se

reuniam nas casas das pessoas que possuíam um espaço bastante amplo para acolher os fiéis. Podemos, com certeza, afirmar que todas as comunidades que ele fundou eram igrejas domésticas.

[7] A pergunta faz sentido, pois Lucas, que escreveu os Atos dos Apóstolos, nunca dá o título de *apóstolo* a Paulo. Por quê?

[8] A palavra *apóstolo* vem do verbo grego *apostéllo*, portanto, o apóstolo é um enviado (pelo Senhor). Veja como Paulo se defende a esse respeito em 1 Coríntios 9.

[9] A expressão "nossa regra" (2Cor 10,15) se refere à prática adotada por Paulo no anúncio do evangelho: não se deter em lugares onde outros já haviam anunciado o Senhor Jesus. Ele optou por ser pioneiro: chegar aonde ninguém chegou. É, por isso, que em Romanos 15,22-23 ele afirma não haver mais campo para ele naqueles lugares, e planeja ir à Espanha (15,24), fazendo de Roma simples ponto de passagem, uma espécie de trampolim para a Península Ibérica. Se conseguiu seus objetivos não sabemos, e Lucas silencia nos Atos dos Apóstolos, pois dá por encerrado o livro ao mostrar Paulo chegando "aos confins do mundo", ou seja, Roma, a capital do império.

[10] Alguns estudiosos sustentam que Romanos 16 é uma carta, ou fragmento dela, que originariamente não pertencia a Romanos. A razão é simples: pelo que se sabe, Paulo nunca, antes da viagem do cativeiro, estivera em Roma. No entanto, conhece muitas pessoas que residem na capital.

Com isso, negam que Romanos 16 seja originalmente parte da carta. Outro motivo que os leva a defender essa ideia é este: o final do capítulo 15 tem ares de encerramento, mas a seguir a carta levanta voo novamente.

[11] Veja a interessante reconstrução a partir dos nomes citados no capítulo 16 de Romanos em meu livro *Como ler a carta aos Romanos*, Paulus, São Paulo, 1997, p. 10-11.

[12] Rusconi, C., *Dicionário do grego do Novo Testamento*, cit.

[13] Dá-se o nome de "campo semântico" ao conjunto de palavras pertencentes ao mesmo tema.

II

PARA PAULO, O QUE É EVANGELHO?

Já dissemos que para Paulo "evangelho", "evangelho de Deus" ou "meu evangelho" se referem a uma *pessoa e sua ação*. A estas alturas, o leitor já tem a resposta pronta. Essas três expressões se referem à pessoa de Jesus e sua ação principal, que nós celebramos no tríduo pascal. Deixemos que Paulo nos diga com suas palavras. Para isso, dentre as muitas formas de expressar, escolho uma, tirada da carta aos Gálatas (2,20), acrescentando um complemento tomado de Romanos 5,8: "O Filho de Deus me amou entregou a si mesmo por mim... quando ainda éramos pecadores". Esse é o evangelho que Paulo foi chamado a anunciar como apóstolo, e para que as nações, aderindo a essa verdade, tornem-se oferenda aceita por Deus e santificada pelo Espírito Santo. Esse é o ponto de partida e de chegada de tudo na vida dos cristãos.

Essa é a síntese de toda a teologia de Paulo. É a razão de ser de toda entrega à pastoral. É o conteúdo básico de toda a evangelização.

1. Como Paulo chegou a essa descoberta

Nas primeiras décadas da vida, Paulo foi fariseu. Ele mesmo o confirma no capítulo 3 da carta aos Filipenses.[1] Os fariseus – que não eram muitos – procuravam viver, fanaticamente, os 613 mandamentos da Lei, divididos em proibições (não se pode fazer) e prescrições (deve-se fazer). Todos cobiçavam viver plenamente esses mandamentos, a fim de serem reconhecidos como pessoas irrepreensíveis. Paulo afirma haver alcançado a irrepreensibilidade. Embora nem todos conseguissem, todos eles consideravam o povo analfabeto e pobre como gente miserável. Por quê? Porque não sabendo ler e escrever, não tinha acesso à Lei e seus preceitos, e acabava não praticando a Lei. O fato de não praticar a Lei causava o atraso da vinda do Messias, que viria para premiar os bons (eles) e castigar os maus (aqueles que não praticaram a Lei). Assim, os pobres, doentes e sofredores eram vistos como punidos por Deus, como malditos.[2]

Com isso, alimentavam uma ideia distorcida de Deus: juiz severo, implacável, punidor, distante do povo, que tinha horror do ser humano, pecador e sempre irritando a Deus. Viam pecado em tudo. Pasmem: ainda no ventre materno, o feto poderia pecar, e Deus o castigaria com a cegueira, a paralisia e outros malefícios.[3]

A religião do puro e do impuro

Muitas vezes, no Antigo Testamento, a abundância de bens era vista como sinal da bênção de Deus, e a pobreza, bem como a doença, eram tidas como maldições divinas. No tempo de Jesus, havia pessoas que ainda defendiam esse pensamento e, evidentemente, pretendiam levar vantagem. Mas o que era a religião do puro e do impuro?

Desde a época em que os judeus retornaram do exílio na Babilônia, houve uma reviravolta no modo de entender Deus e com Ele se relacionar. Deus foi sendo afastado dos percalços humanos e mostrado como alguém extremamente irritado com todos os erros do povo. Era preciso, portanto, acalmá-lo com sacrifícios, ofertas e ritos. Até o suor das pessoas desagradava a Deus. E quem nada fazia para contentá-lo era o povo. Daí serem todas as coisas potencialmente fonte de impureza e de contaminação. Para se chegar a pôr a culpa nos pobres e analfabetos era fácil.

No Evangelho de Lucas fica muito claro quem é o grupo responsável por essa ideologia. Trata-se, simplesmente, do grupo dos fariseus. Em 16,14, eles são chamados de "amigos do dinheiro". Mas escondem isso com uma fachada de religiosidade e com relações de interesse. Eles são os maiores defensores da religião do puro e do impuro, considerando-

-se santos e perfeitos, evitando o contato com pobres e doentes, pois a própria palavra "fariseu" significa "separado", ou seja, alguém que não se mistura com pessoas de classe social inferior. E isso em nome da religião, como se o próprio Deus abominasse os doentes e pobres.

Para eles, tudo era potencialmente fonte de impureza. Por isso seguiram, escrupulosamente, ritos de purificação para não se contaminar ou purificar-se em caso de contaminação. Detestavam, de modo geral, os não judeus, chamando-os pejorativamente de "cães".[4] Ainda hoje é possível encontrar judeus que amaldiçoam os que não pertencem à raça deles.[5]

A grande descoberta de Paulo é esta: ninguém havia alcançado a irrepreensibilidade, e Deus, por gratuito amor, como máxima expressão de amor pela humanidade, enviou seu Filho para nossa salvação. Nós, portanto, não somos salvos por nossos méritos, mas por pura graça, por puro amor. A salvação é dom de Deus. Éramos todos pecadores, nada merecíamos, e eis que a salvação se manifestou em Jesus Cristo morto e ressuscitado. Nada obriga a Deus a nada, nem nossa possível perfeição (que é o começo de todos os erros que cometemos em nome dela).

Para um fariseu, portanto, o itinerário a ser seguido era este, que Paulo fariseu afirma ter atingido: busque a irrepreensibilidade e, uma vez alcançada, conserve-a. Cedo ou tarde, Deus se verá obrigado a atender você, recompensando-o, abençoando-o, protegendo-o... Por isso, Deus é alguém que eu posso controlar e obrigar mediante a minha suposta perfeição.

Ao descobrir que tudo isso era falso, Paulo jogou tudo fora, considerando essas coisas como lixo, esterco... Avaliou a "teologia" dos fariseus e descobriu que valia zero. Então, mudou completamente sua visão a respeito de Deus, das pessoas e das coisas em geral. E sentiu-se como atleta que corre para ver se alcança a ressurreição.

Quem teve a iniciativa de amar e, por primeiro amou, foi Deus. Nosso amor por ele nunca passou – e jamais passará – à frente do amor que ele tem por nós, pois nosso amor será sempre "amor de resposta, que responde ao amor primeiro".

Outra conclusão que tiramos disso. Alguns acusam Paulo de ser moralizador ou moralizante: alguém que sobrecarrega as pessoas com o fardo do "devemos..." ou "precisamos fazer... para que Deus se mostre bom...". Isto é o que eu chamo de moralizante ou moralizador. Pelo contrário, Paulo é sobretudo ético, ou seja, anuncia seu evangelho (mostrando o que Jesus fez para nós) e desperta em nós a coerência, mais ou menos assim: "Façamos isto ou aquilo porque Deus foi bom para nós". O moralizante torna pesado o fardo da vida; o ético nos ajuda a carregar o fardo com alegria e cantando... Cada um – sobretudo quem exerce o ministério da pregação – examine-se para ver em qual campo se situa.

2. Dinâmica e finalidade do Evangelho

Embora já pareça evidente, é oportuno esclarecer bem as etapas e o objetivo do evangelho. E, para isso, tomamos uma frase da carta aos Romanos, que me parece completa.

> "Mas como poderiam invocar aquele em quem não creram? E como poderiam crer naquele que não ouviram? E como poderiam ouvir sem pregador? E como poderiam pregar se não forem enviados?" (Rm 10,14-15a).

No contexto da carta aos Romanos, essas perguntas pertencem à situação difícil para Paulo aceitar. Trata-se da situação de Israel, o povo da primeira Aliança. Apesar de possuir a abundância dos dons do Senhor – não lhe faltaram promessas, pregadores, profetas etc. – mesmo assim não aderiu nem aceitou o anúncio do evangelho de Deus que Paulo apóstolo lhes mostrava.

Interessa-nos aqui descobrir a dinâmica desse processo – as etapas – e a finalidade que se deseja alcançar. Antes, porém, não é proibido apreciar o estilo literário de Paulo em dois lances principais: 1. Chuva de perguntas sem respostas, pois essas devem ser já conhecidas pelo auditório;[6] 2. Raciocínio ao reverso: o começo se encontra no final. Experimentemos demonstrar isso: se não forem enviados, como poderão pregar? E se não houver pregador, como poderão ouvir? E se não ouvirem, como poderão acreditar? E, não acreditando, como poderão invocar (a Deus)?

Está traçado o itinerário. Começa-se pelo envio (no texto grego encontramos aqui o verbo que dá origem à palavra *apóstolo*). Portanto, ser apóstolo é algo extremamente sério e comprometedor, pois ele se situa no início de um processo que culmina na fé em Deus e na invocação de seu nome. O itinerário avança: a pessoa enviada prega/anuncia o evangelho. Se não o fizer, o processo acaba abortado. Recordo aqui a história de Jonas, no Antigo Testamento, que se nega ir a Nínive e foge em outra direção. Mas – como se diz – com Deus não se brinca: ou o levamos a sério ou arcamos com as consequências. Havendo quem prega/anuncia, eis a novidade esperada: a fé, que também possui consequências, como veremos abaixo. Estimuladas pela fé e cheias de fé, as pessoas podem, confiadamente, invocar a Deus.

Aí estão, portanto, os passos da dinâmica do evangelho. A finalidade pode ser vista na tese fundamental da carta aos Romanos, assim formulada: "O evangelho é força de Deus para a salvação de todo aquele que crê, em primeiro lugar do judeu, mas também do grego" (Romanos 1,16); nesse caso e em muitos outros, "grego" representa todos aqueles que não pertencem à raça dos judeus. Era assim que, no judaísmo, dividia-se a humanidade: dois grupos desiguais: os judeus e os não judeus.

A tese da carta aos Romanos, que tem por centro a salvação de todos, é, portanto, desenvolvida a seguir, desta forma: os dois grupos comparecem diante do tribunal de Deus. Em primeiro lugar, vem a sentença dos "gregos". Pela via natural, os não judeus tinham condições de chegar ao Deus único e verdadeiro. Exemplos: vendo algo belo, deveriam chegar ao autor dessa beleza; contemplando algo puro, deveriam chegar a Deus, autor da pureza e pureza suprema. E assim por diante. Mas se perderam pelo caminho, detendo-se nas criaturas e caindo na idolatria. A sentença para os não judeus é severa: são passíveis de condenação.

Os judeus se alegram com a condenação dos "gregos", porém sua alegria dura pouco, pois os judeus agiram de modo pior que os "gregos". Eles tinham mais condições de chegar a Deus, pois a eles foram entregues as Escrituras Sagradas contendo a Lei, foi para eles que Deus enviou os profetas a fim de orientá-los, e uma porção de benefícios que Deus deu a Israel, fazendo dele um privilegiado e, mais ainda, parceiro das grandes alianças. A condenação dos judeus não é nem mais grave nem mais suave que a condenação dos "gregos": estão condenados por não terem aproveitado tantas chances concedidas por Deus.

Então, perguntamo-nos: a humanidade não tem salvação? Estarão – e estaremos – todos irremediavelmente perdidos? Absolutamente não. Porque Deus, em vez de condenar, traz a grande novidade: a humanidade está anistiada. Deus concede o perdão a todos, mas com uma condição: que todos creiam no evangelho a fim de ter a salvação. É em vista disso que Deus suscita apóstolos: para anunciar que a salvação depende da fé no evangelho.

Acrescente-se a isso outro dado importante, desenvolvido, sobretudo, em 1 Coríntios 7. Até a chegada de Jesus a este mundo, o povo de Deus (do Antigo Testamento) crescia numericamente à medida que o ventre das mulheres judias punham no mundo novas criaturas. Sim, porque o povo de Deus, naquelas circunstâncias, dependia de um único povo e de uma única raça. Portanto, quanto maior o número de filhos (homens), maior seria a colaboração no incremento numérico do povo de Deus. Assim se entende por que a esterilidade feminina era um absurdo e por que no Antigo Testamento não se preza a virgindade. Entende-se a humilhação de algumas mulheres tidas como estéreis, por exemplo Isabel, mãe de João Batista. O evangelho, segundo Lucas, afirma que ela se escondia para não sofrer injúrias por parte dos outros.

Com a chegada do evangelho, ou seja, com a vinda de Jesus, tudo mudou: para ser membro do povo de Deus a partir de Jesus, de nada serve ser ou não ser judeu. Não há distinção de raça. E o número do novo povo de Deus aumenta à medida que mais pessoas aderem a Jesus e recebem o batismo. Então, contrariamente àquilo que se pregava no Antigo Testamento, a importância e a urgência recaem sobre o trabalho missionário e evangelizador. Acrescente-se a isso – para o caso da carta aos Coríntios – a possibilidade de Paulo estar anunciando o iminente retorno do Senhor Jesus. E, para aquele momento, era importante que o maior número possível de pessoas se tivessem tornado cristãs.

3. O batismo: resposta positiva de quem aderiu ao Evangelho pela fé

Como vimos, a fé é resultado da pregação do evangelho. Isso está, explicitamente, declarado no primeiro texto do Novo Testamento, a primeira carta aos Tessalonicenses. Logo no início, Paulo, Silvano (Silas) e Timóteo agradecem a Deus:

> "Damos graças a Deus por todos vós, sempre que fazemos menção de vós em nossas orações. É que recordamos sem cessar, aos olhos de Deus, nosso Pai, a atividade da vossa fé, o esforço da vossa caridade e a perseverança da vossa esperança em nosso Senhor Jesus Cristo" (1Ts 1,2-3).

Chamamos a atenção para um fato importante nesse texto. É a primeira vez que aparecem as três virtudes maiores, em uma ordem um pouco diferente daquela que costumamos ver: fé, caridade, esperança. Cada uma recebe uma qualificação: a fé é ativa, o amor é capaz de sacrifícios e a esperança é firme.

Vamos começar pela fé ativa. Antes de aderir ao evangelho, os tessalonicenses tiveram a presença de pessoas enviadas (o trio acima mencio-

II. Para Paulo, o que é Evangelho?

nado). Foram elas que pregaram o evangelho nessa grande e turbulenta cidade de Tessalônica,[7] e um grupo de pessoas aderiu pela fé ao evangelho. Por que a fé dessas pessoas é chamada "ativa"? Mais adiante explica-se da seguinte maneira:

> "Sabemos, irmãos amados de Deus, que sois do número dos eleitos – porque nosso evangelho vos foi pregado não somente com palavras, mas com grande eficácia no Espírito Santo e com toda convicção... porque partindo de vós se divulgou a Palavra do Senhor não somente na Macedônia e Acaia, propagou-se por toda parte a fé que tendes em Deus... pois eles mesmos (os fiéis da Macedônia e Acaia) contam... como vos convertestes dos ídolos a Deus, para servirdes ao Deus vivo e verdadeiro" (1Ts 1,4-9).

Está explicado, ao menos em parte, o que representou a fé ativa dos tessalonicenses: trata-se de ruptura com os ídolos que geram toda espécie de discriminação e opressão de uns sobre os outros, a fim de servir ao Deus vivo e verdadeiro. Sim, porque o ídolo jamais dá algo bom a quem lhe presta culto. Na maioria das vezes, o ídolo ou é indiferente à situação de quem lhe é fiel ou, o que é muito pior, suga-o até o fim.

A ruptura com os ídolos para servir ao Deus vivo e verdadeiro comportou também rupturas com pessoas. Na carta se mencionam, com frequência, as tribulações. E o que são elas senão as consequências amargas que afligem a vida de quem aderiu ao evangelho?

Nas comunidades de Paulo, as pessoas que aderiam ao evangelho pela fé davam outro passo importante, o batismo. Nessas comunidades era costume batizar somente adultos, e o rito era realizado à beira de um tanque, piscina ou reservatório de água. Aquele que estava sendo batizado mergulhava totalmente sob a água. Esse gesto representava a morte para um passado quase sempre marcado por erros e injustiças. Representava o morrer com Cristo para as coisas que não têm importância e nada colaboram para o crescimento na fé. Quando a pessoa subia da água, recebia o tratamento de alguém que ressuscitou com Cristo para uma vida nova. Recebia também roupas novas e limpas.

Espalhada pelas cartas de Paulo, há uma série de expressões que recordam esse evento. Citamos algumas: "Se ressuscitastes com Cristo, buscai as coisas do alto"; "Vós vos lavastes"; "Tirastes a roupa velha e vos vestistes com roupa nova"... E assim por diante.

4. O mandato recebido no batismo: uma comunidade de irmãos

Como vimos, o batismo nos faz deixar para trás um mundo marcado por relações quase sempre injustas e desiguais, e nos faz ressurgir para a vida nova e suas relações igualmente novas. A pessoa batizada adquire uma espécie de nova identidade, representada pela roupa nova e limpa. De fato, muitas vezes, na Bíblia, sobretudo no Novo Testamento, a roupa, quando tomada simbolicamente, representa a identidade da pessoa. E qual é essa nova identidade?

Tendo recebido o batismo e se tornado cristã, a pessoa era inserida em uma comunidade em que as relações são totalmente novas. Paulo, nas cartas, irrita-se quando alguém, que passou por esse processo, reproduz na comunidade os erros e injustiças praticados antes do batismo. Disso ele não abria mão, era intransigente, pois se permitisse que isso acontecesse, seria o mesmo que decretar a morte ou a inutilidade da passagem da velha para a nova realidade. A comunidade não pode e não deve permitir que o velho fermento, o fermento da vida anterior ao batismo, penetre na nova realidade e a contamine. Nesse sentido, podemos ler os capítulos 5 e 6 da primeira carta aos Coríntios e perceber, entre outras coisas, como Paulo se irrita ao saber que, na comunidade de vida nova, repetem-se – e até em escala pior – os erros e as relações injustas anteriores ao batismo.

Por isso, ao sair das águas do batismo, a pessoa recebia um mandato. Esse mandato é conservado em Gálatas 3,28:

> "Todos vós, que fostes batizados em Cristo, vos revestistes de Cristo. Não há judeu nem grego, não há escravo nem livre, não há homem nem mulher, pois todos vós sois um só em Cristo Jesus".

A novidade gerada pelo batismo é evidente e grandiosa. Deixam-se para trás as diferenças de raça, de condição social, de sexo (ou gênero). Vivem-se novas relações, marcadas pela fraternidade radical. Isso ajuda a esclarecer, mais ainda, o que foi dito anteriormente a respeito do capítulo 7 da primeira carta aos Coríntios.

Esse mandato faz novas todas as relações entre as pessoas em uma comunidade. Quanto à raça, não há mais diferenças. A humanidade – para os judeus composta de judeus e gregos – é uma grande fraternidade em Cristo. A balbúrdia do porto de Tessalônica, que via e gerava o conflito entre pessoas por causa de raça, desapareceu. É nesse sentido que se deve ler, por exemplo, a questão das carnes oferecidas aos ídolos nos capítulos 8 e 10 da mesma primeira carta aos Coríntios. A pessoa de fé fragilizada é meu irmão/irmã por quem Cristo morreu, por isso, deve ser respeitada. Respeitada deve ser também a consciência dessa pessoa, que é frágil, porém é portadora da identidade irmão/irmã. E quem tem consciência esclarecida e fé sólida não pode pôr a perder essa criatura pela qual Cristo deu a vida.

Assim se percebe como Gálatas 3,28 se enlaça com o tema do evangelho anunciado por Paulo.

Desaparecem igualmente as diferenças oriundas da condição social, fato corriqueiro e plenamente aceitável no mundo das relações desiguais anterior ao batismo. Na questão da escravidão no pensamento e na vida de Paulo, é daqui que se deve partir, examinando os pontos em que não foi possível atuar esse mandato.

O mesmo se deve fazer quando se trata da questão homem/mulher. Partir de Gálatas 3,28 é manter-se ligado ao evangelho de Paulo, àquilo que ele pensava a esse respeito, vendo os avanços e entraves encontrados em uma sociedade desigual.

Deve ter causado arrepios em Paulo a escrever e nos tessalonicenses ao ouvir, pela primeira vez, no Novo Testamento, a palavra "irmãos", logo no início da carta. Nós andamos dopados e não nos damos conta de sua importância. Seria necessário recuperar o valor desse modo de tratar-nos reciprocamente.

5. Olhando de longe a meta a ser atingida: a esperança que fortalece a caminhada

É compreensível que a primeira carta aos Tessalonicenses tenha modificado a ordem das três virtudes mais importantes, pondo em terceiro lugar a esperança e qualificando-a como "firme". Sim, porque somente uma comunidade de irmãos pode, com todo o direito, sonhar com um futuro melhor. E não só sonhar, mas também caminhar naquela direção.

A esperança é a virtude que gera utopias – entendidas não como coisas impossíveis, mas como metas a serem alcançadas. A comunidade que vive relações de fraternidade enxerga longe, perscruta os horizontes da história e renova as forças da caminhada em direção àquela meta.

Na primeira carta aos Tessalonicenses, a esperança estava associada à crença – e também à pregação de Paulo – do retorno iminente do Senhor glorioso. E era necessário estar prontos para acolhê-lo. E acolhê-lo bem significava ter grande quantidade de pessoas que aceitaram o anúncio, foram batizadas, formaram comunidades fraternas e, agora, olham de longe – como Moisés no passado de longe contemplou a terra da promessa – o caminho que é preciso percorrer. Aqui, todavia, não se trata de contemplar uma realidade material, mas de projetar nosso olhar mais pra lá de seu horizonte, na ressurreição da carne, quando Deus será tudo em todos e toda força do mal estiver destruída. Com razão, na primeira carta aos Tessalonicenses, Paulo associa a esperança com a ressurreição dos mortos, e classifica como "aqueles que não têm esperança" as pessoas para as quais a ressurreição não existe (veja 1 Tessalonicenses 4,13).

Costuma-se dizer que a esperança é a última que morre. Aqui, ela é nosso guia na caminhada para a vida que não termina; é geradora de energias para que não desanimemos ao longo da caminhada. É a força de vida que supera a própria morte. Paulo se admira que os coríntios não tenham entendido a importância da esperança. E tem que dedicar o longo capítulo 15 à ressurreição da carne na primeira carta aos Coríntios.

II. Para Paulo, o que é Evangelho?

NOTAS

¹ É bom ler todo esse capítulo de Filipenses para melhor acompanhar o estudo que será apresentado.
² Veja João 7,49.
³ *Idem*, 9,2.
⁴ Na classificação judaica dos animais impuros o cão ocupa os primeiros lugares.
⁵ Um fato pitoresco. Na década de 1980, por razões de trabalho tive de ir à casa de um judeu ortodoxo, em São Paulo. Quando toquei a campainha, lá dentro um papagaio começou a gritar (em hebraico): *Oi goim*, literalmente "Ai das nações", e daí até o significado atual: "Malditos os não judeus". Sabendo, de antemão, que eu conhecia o hebraico, o velho judeu tratou de corrigir-se: "Isso não vale pro senhor. O senhor é boa gente".
⁶ Trata-se do gênero literário conhecido como diatribe.
⁷ Para se ter uma ideia de como era a vida na cidade de Tessalônica pode-se consultar na série *Conhecer a Bíblia* (Editora Santuário, Aparecida) o volume que contém o estudo das cartas de Paulo.

III

DE QUEM PAULO APRENDEU O EVANGELHO?

Como já dissemos, não havia ainda um evangelho escrito no tempo em que Paulo viveu e anunciou seu evangelho. Ele conhecia muito bem o Antigo Testamento, e suas cartas estão repletas de citações daqueles livros que chamamos de Antigo Testamento. Conhecia muito bem os Salmos, sua oração diária, como fazia qualquer judeu, citava trechos de cor, sem ter um texto escrito diante dos olhos. Usava normalmente a tradução grega conhecida como Setenta. Por isso, se conferirmos uma citação do Antigo Testamento feita por ele nas cartas, provavelmente, não haverá plena coincidência de palavras. Restam, então, duas possibilidades: ou ele tinha aprendido em uma cópia um pouco diferente (isso é normal até em nossos dias), ou estava citando de cor, porém não exatamente como havia aprendido.

Alguém poderá perguntar: qual a importância disso? A pergunta faz sentido, mas é sempre possível aprender algumas coisas: 1. A ligação inseparável entre os dois testamentos: um prepara, o outro realiza; 2. O primeiro declara, o segundo confirma (ou corrige); 3. O Antigo prevê, no Novo a previsão se realiza (ou não). E poderíamos continuar por longo tempo...

1. O Evangelho de Paulo: fruto de experiência mística?

Uma coisa é certa: ele o recebeu de forma extraordinária, diferente do modo como o receberam os outros apóstolos. Deixemos que a carta aos Gálatas nos oriente:

> "Eu vos faço saber, irmãos, que o evangelho por mim anunciado não é segundo o homem, pois eu não o recebi nem aprendi de algum homem, mas por revelação de Jesus Cristo. Ouvistes certamente de minha conduta de outrora no judaísmo... e como progredia mais que meus compatriotas... Quando, porém, aquele me separou desde o seio materno e me chamou por sua graça, houve por bem revelar em mim seu Filho, para que eu o evangelizasse entre os gentios, não consultei nem carne nem sangue... Após três anos subi a Jerusalém para avistar-me com Cefas, e fiquei com ele quinze dias. Não vi nenhum apóstolo, mas somente Tiago, irmão do Senhor. Isto vos escrevo e vos asseguro diante de Deus que não minto. Em seguida, fui às regiões da Sí-

III. De quem Paulo aprendeu o Evangelho?

ria e da Cilícia. De modo que, pessoalmente, eu era desconhecido às Igrejas da Judeia que estão em Cristo. Apenas ouviam dizer: quem outrora nos perseguia, agora evangeliza a fé que antes devastava, e por minha causa glorificavam a Deus. Em seguida, catorze anos mais tarde, subi novamente a Jerusalém com Barnabé, tendo tomado comigo também Tito. Subi em virtude de uma revelação..." (Gl 1,11-2,2).

Alguém poderá perguntar: qual a finalidade dessa longa citação? E a resposta é: por causa da possível data (e lugar) em que se deu a revelação do evangelho a Paulo, escolhido, como outrora o profeta Jeremias, desde o ventre materno. De fato, nesse trecho, as expressões que encerram determinado tempo (três anos depois, quinze dias, catorze anos mais tarde) são importantes para a reconstrução de uma cronologia[1] que contenha a data aproximada[2] da revelação do evangelho.

A carta aos Gálatas deve ter sido escrita em Éfeso, por volta do ano 54 de nossa era. Se tirarmos 14 anos, estaremos por volta de 40 depois de Cristo. Descontando mais três e mais dois anos, chegaremos ao ano 35, possível data de sua conversão. O lugar mais provável daquela experiência mística – que veremos a seguir – é a Arábia, a região dos nabateus, ao sul de Damasco, capital da Síria.

Paulo faz toda essa descrição para reforçar que não recebeu o evangelho de pessoas, mas diretamente de Jesus Cristo, e é por isso que os gálatas estão descarrilados ao abandonarem os ensinamentos do apóstolo a fim de aceitar as ideias dos judaizantes.[3]

2. A experiência mística

Em 2 Coríntios 10-13 – conhecida como "carta das lágrimas" – Paulo se defende das acusações patrocinadas por um membro da comunidade, que põe frente a frente Paulo e os "superapóstolos" – pregadores de Jesus Cristo que, como vimos acima, fazem da religião motivos de regalias e privilégios, e se louvam e exaltam sem razão. Paulo se defende, não querendo citar as experiências extraordinárias que fez, mas a certa altura não consegue mais se deter, e fala de algo inaudito, que nós chamamos experiência mística:

> **Quantas cartas Paulo escreveu aos coríntios e quantas vezes esteve entre eles?**
>
> Somando as informações dos Atos dos Apóstolos e os dados das cartas aos Coríntios não se consegue reconstituir plenamente as viagens de Paulo a Corinto e as cartas enviadas a essa comunidade. A proposta a seguir supõe uma viagem (a segunda) ignorada por Atos e omitida nas cartas. Durante essa estada, aconteceu um conflito duro entre Paulo e alguém de Corinto. Supõe-se também que a segunda carta aos Coríntios seja um conjunto

de cartas reunidas em uma só. Com base nisso, é possível fazer a seguinte reconstituição:

Primeira viagem (ano 50). Fundação (At 18,1-18).
Primeira carta, perdida (veja 1 Coríntios 5,9: "Eu vos escrevi em minha carta, que não tivésseis relações com devassos"). Alguns estudiosos pensam que seja a atual 2 Coríntios 6,14-7,4, sobretudo por causa de 6,14-18.
Segunda carta (ano 54, escrita em Éfeso). É a atual 1 Coríntios, talvez levada por Timóteo (veja 1 Coríntios 4,17 e a ameaça da vara em 4,20).
Segunda viagem (ano 55, não documentada). Explode o conflito contra Paulo.
Terceira carta (ano 55, escrita em Éfeso). É a atual 2 Coríntios 2,14-7,4.
Quarta carta (ano 55, escrita em Éfeso). Tito talvez seja o portador. É a atual 2 Coríntios 10-13, chamada de "carta das lágrimas" em 2 Coríntios 2,4. Veja 2 Coríntios 12,14 e 13,1-2, onde Paulo afirma estar pronto a ir a Corinto, pela terceira vez (a segunda viagem, portanto, não foi documentada).
Quinta carta (ano 55 ou 56, escrita na Macedônia). É a atual 2 Coríntios 1,1-2,13 + 7,5-16.
Sexta carta (ano 55 ou 56, escrita talvez na Macedônia), levada por Tito. É a atual 2 Coríntios 8.
Sétima carta (ano 55 ou 56, escrita talvez na Macedônia), para as comunidades da Acaia. É a atual 2 Coríntios 9.

> **Terceira viagem** (ano 56), por ocasião do mutirão internacional para os pobres de Jerusalém. Permanece três meses em Corinto (At 20,3) e escreve a carta aos Romanos.
> Se você for estudar a segunda carta aos Coríntios é aconselhável seguir os passos assinalados anteriormente. Faça este pequeno teste: leia 2 Coríntios 2,12-13 e pule para 7,5. Você verá que o assunto flui.

"É preciso gloriar-se? Por certo, não convém. Todavia mencionarei as visões e revelações do Senhor. Conheço um homem em Cristo que, há catorze anos, foi arrebatado ao terceiro céu – se em seu corpo não sei, se fora do corpo não sei, Deus o sabe! – E sei que esse homem – se no corpo ou fora do corpo não sei, Deus o sabe! – foi arrebatado até o paraíso e ouviu palavras inefáveis, que não é lícito ao homem repetir. No tocante a esse homem, eu me gloriarei; mas no tocante a mim, só me gloriarei das minhas fraquezas. Se quisesse gloriar-me não seria louco, pois só diria a verdade. Mas não o faço, a fim de que ninguém tenha a meu respeito, conceito superior àquilo que vê em mim ou me ouve dizer" (2Cor 12,1-6).

Segundo muitos estudiosos, foi durante esse acontecimento misterioso e inexplicável que Paulo recebeu o evangelho por revelação. Se isso for verdade, estamos diante de algo que as palavras humanas não conseguem explicar. Por outro lado, pode-se calcular a seriedade do evangelho de Paulo, que, talvez por isso, seja às vezes chamado "evangelho de Deus".

Em outro lugar, Paulo afirma: "Trazemos, porém, este tesouro em vasos de argila, para que esse incomparável poder seja de Deus e não de nós" (2Cor 4,7). Essa afirmação, que salienta a preciosidade do evangelho e seu anúncio, estabelece um contraste: por um lado, o poder de Deus; por outro, a fraqueza do ser humano. No trecho acima citado, Paulo demonstra ter consciência disso. E, para que caminhe amparado pela humildade, fala de um "espinho na carne" – expressão vaga que, ao mesmo tempo, diz tudo e nada. É um dos textos mais verdadeiros dentre todos os escritos do apóstolo. Nós nos tornamos fortes quando permitimos que Deus administre nossa fraqueza. Como dizia alguém – que também deve ter feito a experiência mística de Deus: "O pouco com Deus é muito e o muito sem Deus é nada".

NOTAS

[1] Para mais detalhes, veja meu livrinho *Introdução a Paulo e suas cartas*, Paulus, São Paulo, 2018, p. 43-44.

[2] No tempo de Paulo, contavam-se como anos inteiros os meses que sobravam da contagem. Exemplo: 15 meses eram contados como 2 anos, e não como um ano e três meses. Por isso a imprecisão das datas.

[3] Judaizantes – palavra que não aparece na Bíblia – eram judeus que se tornaram cristãos, porém queriam impor a circuncisão, como condição para os não judeus terem acesso à salvação. A ideia dos judaizantes anula completamente aquilo que Jesus fez para nossa salvação. Sua influência é sentida, sobretudo, na carta aos Gálatas e na carta aos Filipenses.

IV

QUANDO A CAMINHADA DO EVANGELHO ENCONTRA OBSTÁCULOS

Penso que, quando, nas cartas de Paulo, não acontece aquilo que o evangelho previa, as causas devem ser buscadas no ambiente no qual se tentou implantá-lo, sem imputar culpas a quem quer que seja. O evangelho de Paulo é proposta corajosa – praticamente estabelecer na terra o reinado de Deus – porém os entraves também podem ser vários, provocados por determinadas questões ou situações. É preciso examinar caso a caso, a fim de descobrir por que não surgiram resultados esperados. Isso não representa a falência total da proposta do evangelho, mas uma espécie de percalço da caminhada.

1. Paulo nada fez contra a escravidão!?

Alguns demonstram plena certeza de que Paulo, realmente, não moveu uma palha para combater a escravidão. E citam textos – eles estão aí, é inútil querer omiti-los – como os da primeira carta aos Coríntios, os da carta aos Colossenses e os da carta aos Efésios, entre outros.

Vamos refrescar a memória recordando alguns desses textos.

1. 1 Coríntios 7,20-24: "Permaneça cada um na condição em que se encontrava quando foi chamado por Deus. Eras escravo quando foste chamado? Não te preocupes com isto. Ao contrário, ainda que te pudesses tornar livre, procura antes tirar proveito de tua condição de escravo. Pois aquele que era escravo quando chamado no Senhor, é liberto do Senhor. Da mesma forma, aquele que era livre quando foi chamado, é escravo de Cristo. Alguém pagou alto preço pelo vosso resgate: não vos torneis escravos dos homens. Irmãos, cada um permaneça diante de Deus na condição em que se encontrava quando chamado".

Sentenças do escravo-filósofo Epiteto (50-130 a.C.), natural da Frígia (atual Turquia)

"Não devemos acreditar na maioria que diz que apenas as pessoas livres podem ser educadas, mas sim acreditar nos filósofos que dizem que só as pessoas educadas são livres."

"A felicidade e a liberdade começam com a clara compreensão de um princípio: algumas coisas estão sob nosso controle, outras não. Só depois de lidar com essa questão fundamental

IV. Quando a caminhada do Evangelho encontra obstáculos

e aprender a distinguir entre o que você pode e o que não pode controlar, é que a tranquilidade interna e a eficácia externa se tornam possíveis."

"A boa fortuna, como os frutos maduros, deve ser gozada antes que seja tarde".

"Só a educação liberta."

"O caminho para a felicidade é parar de preocupar-se com o que está além de nosso poder."

"Dedique ao menos metade de suas energias a livrar-se de desejos ocos, e muito breve verá que ao fazê-lo há de receber maior realização e mais felicidade."

"Se pretendes fazer alguma coisa, transforme em hábito tua pretensão. Se não pretendes, abstém-te de fazê-la."

"Evitemos fazer o papel de zombeteiros e de trocistas. Porque tais defeitos nos farão cair insensivelmente nas maneiras baixas e grosseiras e farão com que as pessoas percam a consideração que sentem por nós."

"Fortaleça-se com contentamento, pois isto é uma fortaleza inexpugnável."

"Na prosperidade é fácil encontrar amigos; mas na adversidade é a mais ingrata das tarefas."

"Nada de grande se cria de repente."

"O homem sábio é aquele que não se entristece com as coisas que não tem, mas se rejubila com as que tem."

"Qualquer lugar onde alguém está contra a sua vontade é, para este alguém, uma prisão."

> "Quando você se ofender com as faltas de alguém, vire-se e estude seus próprios defeitos. Cuidando deles, você esquecerá sua raiva e aprenderá a viver sensatamente."
> "Se disserem mal de ti com fundamento, corrige-te. Do contrário, ri e não faças caso."
> "Se quiser ser escritor, escreva."
> "Somente os instruídos são livres."
> "Zele por este momento. Mergulhe em suas particularidades. Seja sensível a que você é, ao seu desafio, a sua realidade. Livre-se dos subterfúgios. Pare de criar problemas desnecessários para si mesmo. Este é o tempo de realmente viver; de se entregar por completo à situação em que você está agora."
> "Conserva bem o que é teu e não invejes ninguém. Serás, assim, feliz."
> "É impossível para um homem aprender aquilo que ele acha que já sabe."
> "As pessoas ficam perturbadas, não pelas coisas, mas pela imagem que formam delas."

À primeira vista não restam dúvidas. Esse texto está construído de forma a reforçar a não necessidade de lutar pela própria liberdade: a primeira e a última frase formam uma espécie de barreira canalizando o resto. O que dizer a esse respeito? Em primeiro lugar, vamos interrogar a tradução. Está correta? Há outras traduções com propostas diferentes? A *Bíblia do peregrino*[1] traduz de forma

IV. Quando a caminhada do Evangelho encontra obstáculos

diferente. Assim: "Cada qual permaneça na condição em que foi chamado. Foste chamado sendo escravo? Não te importes; mas, se puderes emancipar-te, aproveita. O que foi chamado sendo escravo, é liberto do Senhor, e o que foi chamado sendo livre, é escravo de Cristo. Fostes comprados por alto preço: não sejais escravos dos homens. Cada um, irmãos, permaneça diante de Deus na condição em que foi chamado".

E em nota procura explicar: "A vocação cristã não exige como condição prévia... o estado social de cidadão livre... O chamado de Cristo não está vinculado a uma classe social. É provável que muitos escravos tenham respondido à bem-aventurança brindada a sua condição... Em um plano superior a distinção entre escravo e livre fica invertida com vantagem de ambos: ser cristão é uma emancipação (Gl 5,1); ser escravo de Cristo é uma honra".

O que dizer dessas duas traduções possíveis? Há defensores da primeira e há quem defenda a segunda. E todos esbarram em dificuldades. Teria Paulo propositalmente ficado "em cima do muro"? Ou, talvez, visto que normalmente ditava as cartas, dadas as dificuldades (não poucas nem baratas), tenha produzido um texto difícil (não seria a primeira vez) e decidido deixá-lo assim como saiu? Se ele tivesse os recursos que nós temos para escrever, corrigiria o texto? (Ele fez isso em outro lugar.)

Olhando sob outro ângulo essa questão. Em 1,26, Paulo nos brinda com uma visão geral da condição social dos cristãos de Corinto: alguns sábios (alfabetizados), poderosos e prestigiosos. (Talvez sejam sempre os mesmos: pessoas alfabetizadas e cultas, endinheiradas e influentes na sociedade.) E a maioria de loucos (era assim que os cultos chamavam os analfabetos), fracos (ou seja, sem dinheiro, pobres) e vis (gente sem prestígio social). Em uma população de, aproximadamente, meio milhão de habitantes, dois terços eram escravos (nos campos, nas casas dos ricos, nas escavações do minério que produzia o famoso bronze de Corinto, nas fundições...).

Essa elite, provavelmente, reaparece como criadora de vários problemas na comunidade: com bastante probabilidade, é um desses cultos abastados que convive maritalmente com a madrasta; é grande a possibilidade de que seja dessa minoria o refrão "Posso fazer tudo o que quero", no caso da prostituição; é esse grupo que não leva em conta a consciência fragilizada das pessoas, no caso das carnes oferecidas aos ídolos; na questão de considerar como dons do Espírito unicamente o falar línguas estranhas e profetizar... Sua influência é exercida a cada passo da carta. Paulo aprova o que os "fortes" afirmam a respeito do consumo de carnes oferecidas aos ídolos, mas rejeita totalmente o resultado provocado pela exibição da própria consciência esclarecida.

É ainda possível que, no caso da ceia do Senhor (11,17-34), sejam eles os que chegam antes à refeição partilhada, comem tudo, nada sobrando para os que não tiveram tempo de preparar algo, nutrindo, por isso, a esperança de saciar a fome na comunidade. Em vez disso, e posto que trabalhavam de sol a sol, ao chegarem à comunidade, os escravos nada mais encontravam para matar a fome.

Se isso for verdade, Paulo se posiciona ao lado da maioria, pois foi também por esses irmãos fracos na fé que Cristo morreu. E se, por exemplo, comer carnes anteriormente oferecidas aos ídolos escandaliza e põe a perder a fé do irmão de consciência frágil, nunca mais tornará a comer carne.

Se isso estiver correto, então, conserva-se o princípio embutido no evangelho de Paulo, ou seja, não há contradição entre os percalços de 1 Coríntios e o princípio formulado em Gálatas 3,20, como foi analisado acima, e em parte retomado em 1 Coríntios 12,13, em que Paulo usa a imagem do corpo.[2]

2. Efésios 6,5-9 e Colossenses 3,22-25. Pela semelhança entre elas, vamos considerar juntas essas duas cartas na questão da escravidão. É que, talvez, Efésios tenha sido escrita a partir de Colossenses. "Servos, obedecei, com temor e tremor, em simplicidade de coração, a vossos senhores nesta vida, como a Cristo, servindo-os, não quando vigiados, para agradar a homens, mas como servos de Cristo que põem a alma em atender à vontade de Deus. Tende boa vontade em servi-los, como ao Senhor e não como a homens, sabendo que todo aquele que fizer o bem receberá o bem do Senhor, seja servo, seja livre. E vós, senhores,

fazei o mesmo para com eles, sem ameaças, sabendo que o Senhor deles e vosso está nos céus e que ele não faz acepção de pessoas" (Ef 6,5-9).

Colossenses 3,22-4,1: "Servos, obedecei em tudo aos senhores desta vida, não quando vigiados, para agradar a homens, mas em simplicidade de coração, no temor do Senhor. Em tudo o que fizerdes ponde a vossa alma, como para o Senhor e não para homens, sabendo que o Senhor vos recompensará como a seus herdeiros: é Cristo o Senhor a quem servis. Quem faz injustiça receberá de volta a injustiça, e nisso não há acepção de pessoas. Senhores, dai aos vossos servos o justo e equitativo, sabendo que tendes um Senhor nos céus".

Pondo lado a lado as duas passagens percebemos a semelhança entre elas, não só nas orientações dadas, mas também no espaço dedicado aos servos e a seus senhores. Com todas as letras, aqui é preciso reconhecer que não se dão passos significativos e evidentes para a supressão da escravidão.

Os escravos, no contexto do império romano, chegavam a dois terços da população e constituíam a espinha dorsal da economia do império. Perguntamo-nos, com sinceridade, o que poderia fazer alguém como Paulo contra essa estrutura? Praticamente nada, a não ser aconselhar os servos a seguirem a única saída possível: conquistar a confiança dos seus senhores mediante o bom comportamento. Em outras palavras, mostrar aos patrões ser possível viver a proposta cristã, apesar da situação em que se encontravam. Parece que a intenção de Paulo seja levada a isso porque *os patrões não eram cristãos*, e os cristãos escravos podiam tentar conquistá-los para Cristo mediante um comportamento reto, próprio de toda pessoa bem-intencionada, honesta e fiel a eles porque, assim agindo, estariam, na verdade, servindo a Deus e não a patrões terrenos. Em outros termos, os servos estariam evangelizando seus patrões. Não sabemos se isso funcionou, mas era a única possibilidade divisada por Paulo a fim de abrir uma brecha na muralha compacta da escravidão. Isso nos permite constatar que não se violou o princípio de Gálatas 3,28 – que remete ao evangelho de Paulo. A consciência dos servos, associada ao princípio "não há diferença entre escravo e homem livre", é que irá romper a cerca da escravidão. Em outras palavras, estamos diante de uma utopia (não no sentido de algo impossível), a utopia dos homens e mulheres pacifistas, que lutam sem o recurso à violência, acreditando e apostando todas as suas energias no poder revolucionário da paz desarmada e da luta sem violência. Como terão reagido os patrões, que eventualmente tiveram acesso às poucas palavras que Paulo lhes dirigiu, não sabemos. Mas um patrão que tivesse à disposição servos, que praticavam os conselhos de Paulo, certamente, se interessaria em descobrir a fonte de onde os servos dele bebiam tanta humanidade.[3]

3. Filêmon 1-25. É o ponto alto da questão acerca da escravidão. Sua importância é tal porque aqui temos certeza de que o patrão (Filêmon) é cristão,

e o tema escravidão ocupa a inteira carta (na verdade, a mais breve de todas as cartas de Paulo).[4]

Filêmon morava em Colossas, cidade não muito distante de Éfeso, onde Paulo estava preso (ignora-se em qual ocasião). Tinha um escravo doméstico chamado Onésimo (nome que significa útil). Filêmon havia sido evangelizado e feito cristão por iniciativa de Paulo. Em sua casa reunia-se uma comunidade cristã que, como as demais comunidades paulinas, celebrava a Ceia do Senhor, a nossa Eucaristia.

O escravo Onésimo fugiu de seu patrão, provavelmente por medo de ser descoberto e responsabilizado por um furto. Resolveu fugir, porém a marca do patrão gravada no corpo e o tronco descoberto, facilmente seria recuperado pela polícia e devolvido ao seu dono. Por isso, decide ir ao encontro de Paulo, que já conhecia e talvez o tivesse escutado anteriormente falar de seu evangelho.

Na prisão, Paulo batiza Onésimo e, a partir desse momento, passa a considerá-lo seu filho.[5] E três são as possibilidades a partir desse momento em relação a Onésimo: deixá-lo fugir para longe de seu patrão e refazer a vida da forma como bem entender; conservá-lo com ele, engajando-o de algum modo em seu trabalho de evangelização (na carta menciona-se essa possibilidade); porém Paulo escolhe a possibilidade mais difícil, ou seja, devolvê-lo a Filêmon com a carta que conhecemos. Por que corre esse risco? Porque deseja ver como as relações entre Filêmon e Onésimo mudam depois que o ex-escravo retorna como cristão. Ou seja, o retorno

IV. Quando a caminhada do Evangelho encontra obstáculos

do cristão Onésimo à casa e à comunidade de Filêmon é um teste para ver se esse patrão aprendeu a viver as novas relações decorrentes do evangelho que Paulo anuncia e, para esse caso, condensam-se na famosa frase de Gálatas 3,28: "Já não há mais diferença entre escravo e homem livre".

Estratégia missionária de Paulo

O apóstolo Paulo tinha alguma estratégia missionária? A resposta é positiva. Sim, e é evidente em suas cartas. Em primeiro lugar, é preciso ter presente este dado: ele sempre foi pioneiro. Jamais pensou colher onde outros semearam. Além disso, não ia às aldeias e cidades menores. Seu alvo eram as grandes metrópoles daquele tempo: Roma, Corinto, Éfeso etc. Na grande cidade procurava criar um ou mais grupos de cristãos, que se reuniam nas casas. Sua esperança era esta: essas igrejas domésticas, crescendo em número de participantes, criará outros núcleos na grande cidade, em suas periferias e, com o tempo, serão evangelizadas também as pequenas cidades e as aldeias. A carta aos Colossenses é exemplo disso. A igreja dessa cidade não foi fundada por Paulo, mas por um colaborador seu de nome Epafras. É por isso que, escrevendo aos Romanos quando se encontrava em Corinto (ano 56), afirma não haver mais campo de ação para ele naqueles lugares e, passando por Roma, deseja ir à Espanha (Rm 15,22). Ele dá a

> essa estratégia o nome de "regra" (2Cor 10,15). E se irrita fortemente quando, por briguinhas internas, as comunidades se esquecem da "regra" e atrasam ou impedem a chegada do evangelho aos que habitam nas pequenas cidades ou aldeias. Mesmo preso – ele amargou vários anos de prisão – movimenta e comanda um grupo de colaboradores, de modo que o anúncio do evangelho não é interrompido. Prendem-se as pessoas, mas as ideias não podem ser aprisionadas.

A carta é breve e um par de minutos é suficiente para sua leitura. Mas é o mais importante manifesto cristão acerca da inutilidade da escravidão: ela não serve para nada. Paulo demonstra isso, jogando com as palavras útil/inútil. Ele diz: Outrora, ou seja, como escravo, ele te foi inútil; agora, como irmão cristão ele te será muito útil. Quem dera que todos compreendessem e praticassem isso: compreender que toda dominação de alguém sobre seu semelhante é coisa inútil, e que é vantajosa para cada um de nós a liberdade de nosso semelhante.

A carta tem afirmações comoventes. A palavra "irmão" aparece 5 vezes; "amado" 5 vezes; "coração" 2 vezes. Paulo diz, por exemplo: "Mando-o de volta a ti; ele é como se fosse meu próprio coração". Na língua original, em lugar de "coração" encontramos uma palavra que traduzida literalmente se diz "entranhas". É característico da mãe comover-se nas entranhas por seu filhinho que sofre. No Antigo Testamento, a melhor forma de dizer que Deus é compassivo é dizer que "se comoveu nas entranhas", "suas entranhas estremeceram" etc. Em português, temos as palavras "entranhado", "entranhável": são sinônimos de "apaixonado", "extremamente dedicado" etc.

Última palavra a respeito desse tema. Em Romanos 12,3-8 temos um elenco de dons presentes nas comunidades. O penúltimo da lista é o dom de "presidir". Ora, em grego, o verbo traduzido como "presidir" tem vários outros significados, entre eles "pôr-se diante como defensor", "assumir a defesa", "tornar-se defensor".[6] Baseados nisso, vários estudiosos defendem a ideia que os cristãos mais ricos compravam a liberdade dos irmãos escravos.

2. Paulo era misógino!?

Poderíamos responder a essa afirmação/pergunta começando por Atos dos Apóstolos 16, que mostra Paulo e seus companheiros entrando no continente europeu pela cidade de Filipos, anunciando aí o evangelho de Deus e fundando na casa de uma mulher (Lídia) a primeira igreja doméstica da Europa. Mas optamos por mostrar a relação Paulo-mulheres unicamente a partir de suas cartas: relação de amizade, respeito, valorização, ajuda, companheirismo etc., não nos afastando do princípio de Gálatas 3,28.

Romanos 16,1-16. Em um elenco de 29 pessoas citadas, 11 são mulheres.

– Febe, diaconisa da igreja de Cencreia. É a única diaconisa de que se tem notícia na Bíblia. Paulo a encarrega de duas coisas: preparar, em Roma, a viagem do apóstolo para a Espanha, e levar a carta aos Romanos. Não é conhecida dos cristãos de Roma. Paulo a chama de "irmã" e recomenda aos cristãos da capital do império que a ajudem em tudo o que for necessário, pois ela ajudou o próprio apóstolo e muitas pessoas.

– Prisca (ou Priscila), esposa de Áquila. Paulo chama esse casal itinerante de colaboradores que arriscaram a vida por ele. Não sabemos quando, onde ou como. Sabemos que estiveram em Roma, foram a Corinto, depois a Éfeso e novamente a Roma, por ocasião da carta. Paulo afirma que lhes são devedoras todas as igrejas dos não judeus. Desconhecemos os motivos. O fato de citar a esposa antes do marido, contrariando o costume da época, é sinal de que ela colaborava mais que o esposo. Em Roma, em sua casa, reunia-se uma comunidade cristã.

– Maria. Paulo diz que fez muito pelo Senhor. Não há outras informações.

– Júnia (provavelmente esposa de Andrônico). Já falamos desse casal anteriormente. Chama atenção o fato de Paulo dizer que são "apóstolos exímios".

– Trifena e Trifosa (talvez gêmeas). O apóstolo reconhece as fadigas que enfrentaram como cristãs.

– Pérside. Simplesmente chamada de "querida". Também dela Paulo reconhece as fadigas suportadas pelo Senhor.

– A mãe de Rufo, sem conhecimento do nome. Carinhosamente Paulo a chama de "mãe". Não se conhece a mãe biológica do apóstolo, mas sabemos que tinha uma "mãe adotiva".

– Júlia, membro de uma igreja doméstica, talvez esposa de Filólogo.

– A irmã de Nereu, sem apresentação do nome, membro de uma igreja doméstica.

– Olimpas, membro de uma igreja doméstica.

Não é possível, diante desse quadro e examinando as palavras que Paulo diz a respeito de quase todas as mulheres citadas, afirmar que ele as desprezava.

1 Coríntios 11,2-16 e 14,33b-38. O primeiro é um dos textos mais obscuros de toda a literatura paulina. É, também, por causa de seu conteúdo, um dos mais criticados e mal entendidos. Aquilo que era a orientação para um caso específico das igrejas de Corinto tornou-se norma universal e perdeu-se tanto tempo em discussões estéreis. Ainda hoje, há quem queira avaliar uma pessoa por aquilo que veste ou deixa de vestir, agarrando-se ao supérfluo e perdendo a chance de buscar orientação a partir do essencial. É um dos textos mais difíceis de Paulo, e ele próprio acaba se corrigindo, porém querendo encerrar a discussão como que apelando para a autoridade. Dá a impressão de quem diz: aqui quem manda sou eu, e fim de papo.

Trata-se da passagem que contempla o véu das mulheres. O trecho está cheio de dados culturais próprios de um lugar, que não deveriam ultrapassar o território da cidade de Corinto. Por exemplo: Paulo afirma que é vergonhoso a mulher usar cabelo curto, por isso ordena que elas cubram a cabeça. Por falar em cabeça, é preciso estar atentos, porque a palavra – aqui – tem, pelo menos, dois sentidos: o sentido físico, como membro de um corpo, e o sentido simbólico, significando chefe, senhor.

O que estava acontecendo em Corinto? A cidade ostentava o culto a várias divindades, entre elas a deusa do amor, com suas sacerdotisas, chamadas de "santas" e respeitadas pelo povo graças a seu serviço prestado aos fiéis devotos dessa divindade, que entravam em comunhão com ela mediante as cerca de mil prostitutas sagradas. O fiel cultuava a deusa unindo-se a uma dessas sacerdotisas.

Aqui é preciso salientar que, aos nossos olhos ocidentais, tudo isso dá a impressão de uma grande orgia e pornografia. Havia, sem dúvida, esse aspecto, porém a maioria dos fiéis devotos, diante do mistério da sexualidade, certamente viam nisso algo sagrado, tanto é verdade que essas prestadoras de serviço eram chamadas de "santas", e para nós "prostitutas sagradas".

As celebrações nas comunidades de Corinto eram animadas e concorridas, como nos dá a entender o capítulo 14 dessa mesma carta. A grande

IV. Quando a caminhada do Evangelho encontra obstáculos

novidade trazida pelo episódio que estamos procurando entender é esta: "Toda mulher que ore ou profetize com a cabeça descoberta, desonra sua cabeça". Paulo não se preocupa com o fato de a mulher orar ou profetizar. Ela pode fazê-lo, desde que cubra a cabeça.

E voltamos às "santas". Elas usavam cabelos longos, trançados, e iniciavam os devotos da deusa ao ato sexual dançando e desfazendo as tranças. O cabelo, portanto, podia ser visto como chamariz erótico. A pessoa desinformada que entrasse na agitada assembleia cristã e visse mulheres profetizando com o cabelo solto, o que pensaria? Paulo quer evitar equívocos, ou seja, não quer que a mulher seja vista como uma das tantas "prostitutas sagradas". E o véu fazia essa diferença. Portanto, o véu das mulheres, nesse caso, é sinal de emancipação da mulher, e não sinal de submissão ou, o que seria pior, sinal de prostituição. Desaparecendo esse dado cultural, cessa a obrigatoriedade de cobrir a cabeça com o véu.

> **O que é profecia no Novo Testamento?**
>
> Profecia ou profetizar tem mais de um significado nos textos do Novo Testamento. Aqui, para Paulo, tem este significado, que ele próprio explicou: "Se, por exemplo, a Igreja se reunir, e todos falarem em línguas, os simples ouvintes e os incrédulos não dirão que estais loucos? Se, ao contrário, todos profetizarem,

o incrédulo ou o simples ouvinte que entrar, há de se sentir arguido por todos, julgado por todos: os segredos de seu coração serão desvendados; prostrar-se-á com o rosto por terra, adorará a Deus e proclamará que Deus está realmente no meio de vós" (1Cor 14,23-25). Profecia é, pois, uma palavra forte, que mexe com as pessoas, provoca mudança de vida. Outro exemplo nos ajudará a aprofundar o que é ser profeta. Atos dos Apóstolos 13,1-3: "Havia em Antioquia, na Igreja local, profetas e doutores: Barnabé, Simeão cognominado Níger, Lúcio de Cirene, e ainda Manaém, companheiro de infância do tetrarca Herodes, e Saulo. Celebrando o culto em honra do Senhor e jejuando, disse-lhes o Espírito Santo: 'Separai para mim Barnabé e Saulo, para a obra à qual os destinei'. Então, depois de terem jejuado e orado, impuseram-lhes as mãos e despediram-nos". Notemos o detalhe: há profetas nessa Igreja. E o Espírito Santo pede para que Barnabé e Saulo sejam encaminhados para uma nova terra de missão, entre os pagãos. Com certeza o Espírito falou mediante os profetas e doutores que havia na Igreja. Portanto, profetizar é perscrutar hoje os passos da Igreja amanhã, seu futuro para continuar sendo fiel ao seu Senhor.

IV. Quando a caminhada do Evangelho encontra obstáculos

O segundo texto que nos propusemos analisar (1Cor 14,33b-38), quando mal-entendido é um balde de água fria nessa questão. Paulo ordena que as mulheres "estejam caladas nas assembleias, pois não lhes é permitido tomar a palavra. Devem ficar submissas, como determina a Lei. Se desejam instruir-se sobre algum ponto, interroguem os maridos em casa..."

Estaria Paulo se contradizendo e negando aquilo que aceitou acerca da mulher, ou seja, que ela ore ou profetize em pé de igualdade com os homens? A resposta está na última frase citada: "Se desejam instruir-se...". O verbo "instruir-se" traduz o verbo grego *mantháno*, que significa *aprender a conhecer, ir à escola*.[7] Temos, assim, a defasagem entre o ideal do capítulo 11 (a mulher pode orar e profetizar como o homem) e o real, a realidade vivida pela mulher no capítulo 14 (ela quer aprender, ir à escola, instruir-se); ou seja, em Corinto (e não somente nesse lugar) a mulher estava em desvantagem em relação aos homens (naquele tempo e lugar os homens sabiam mais que as mulheres). E elas faziam da assembleia uma ocasião de aprendizado, levantando perguntas, querendo aprender, quando, na verdade, a assembleia era lugar de oração e de profecia. É, por isso, que Paulo as manda calar, como se quisesse dizer: a assembleia não é lugar de fazer perguntas, como fazem os alunos em uma escola!

Mas a coisa não termina aí. É preciso que a mulher pergunte e se instrua. Então, cria-se um espaço para isso, na casa, e o marido vai ajudar a esposa a adquirir os conhecimentos que a elevam à igualdade com os homens. Desse modo, não só se mantém o princípio de Gálatas 3,28, mas o princípio estimula a mulher a crescer em plena equiparação com o homem.

Colossenses 3,18-19 e Efésios 5,21-33. Resta-nos examinar estes dois textos, desiguais em tamanho, mas muito semelhantes quanto ao conteúdo. Efésios, que depende de Colossenses e a copia, desenvolve as duas ordens dadas sucintamente por Colossenses, demonstrando as razões dessas ordens. Colossenses diz simplesmente: "Vós, mulheres, submetei-vos aos maridos como convém ao Senhor" (3,18). Efésios começa ordenando a mútua submissão (5,21), e isso está bem. Imaginemos que um dos dois não se submeta ao outro, o que aconteceria? Mas em seguida, Efésios ordena que as mulheres sejam submissas aos maridos, mas esquece ou omite a recíproca. E tenta justificar, "porque o homem é cabeça da mulher, como Cristo é cabeça da Igreja". Construiu-se assim uma equação capenga: como Cristo é cabeça da Igreja, e isso não se duvida, o marido é cabeça da mulher – e isso é apenas um resquício cultural – ou seja, é um princípio baseado na cultura e na moral doméstica daquele lugar e daquele tempo. Porque a Igreja está sujeita a Cristo – e isso deve-se aceitar – a mulher esteja em tudo sujeita ao marido – e isso é cultural, portanto, mutável. Aqui o princípio de Gálatas 3,28 foi mutilado. Mas de-

IV. Quando a caminhada do Evangelho encontra obstáculos

vemos dar um pequeno desconto ao autor de Efésios, porque dá a impressão de estar interessado na relação Igreja-Cristo. A Igreja santa e pecadora está sujeita a seu Senhor, que a ama e dá a vida por ela (isso coincide com o evangelho de Paulo). O escorregão do autor de Efésios não desaparece sequer com as afirmações acertadas que faz a seguir: "Os maridos devem amar suas próprias mulheres, como a seus próprios corpos. Quem ama sua mulher ama-se a si mesmo, pois ninguém jamais quis mal a sua própria carne, antes alimenta-a e dela cuida..."

NOTAS

[1] Luís Alonso Schökel e outros, em *Bíblia do peregrino*, Paulus, São Paulo, 2.ed., 2002, p. 2748.

[2] Para mais informações sobre a primeira carta aos Coríntios, veja meu livreto *Como ler a primeira carta aos Coríntios*, Paulus, São Paulo, 1992.

[3] Para mais informações, veja meus livretos *Como ler a carta aos Efésios* e *Como ler a carta aos Colossenses*, Paulus, São Paulo, 2001 e 1998.

[4] Para conhecer melhor essa questão, veja meu livreto *Como ler a carta a Filêmon*, Paulus, São Paulo, 1995.

[5] Pessoas batizadas por Paulo e comunidades por ele fundadas são, por ele, consideradas seus filhos. Pelo que se sabe, Paulo não gerou fisicamente filhos ou filhas, mas sua paternidade foi plenamente realizada e de forma extremamente fecunda. Isso demonstra que há vários modos de exercer a paternidade, e o físico é apenas um entre os outros. Esse pensamento completa o que dissemos acima a respeito do capítulo 7 da primeira carta aos Coríntios.

[6] Rusconi, C., *Dicionário do grego do Novo Testamento*, cit.

[7] *Idem*.

CONCLUSÃO

Nosso estudo sobre o evangelho de Paulo – isto é, sobre o eixo central de toda a sua pregação como apóstolo por vontade de Deus – chegou ao fim. Contudo, pode acontecer que, para algumas pessoas, isso seja o ponto de partida para nova visão e novo estudo daquele que foi, sem dúvida, grande personagem da metade do primeiro século de nossa era.

E isso é muito bom. Se alguém, a partir disso que foi apresentado aqui, sentir-se impelido a reler toda a literatura atribuída a Paulo, isso muito me alegra, pois, sem sombra de dúvida, ter um ponto central no pensamento de Paulo é muito útil.

A importância de se estudar os escritos do apóstolo Paulo torna-se sempre maior e necessária. De fato, não fosse por ele, talvez o cristianismo teria – pelo menos por algum tempo – permanecido como um ramo do judaísmo. Foi o apóstolo Paulo quem, por primeiro e por toda a sua vida, mostrou claramente aquilo que o papa Francisco pediu recentemente: ser uma Igreja em saída.

Anunciando seu evangelho aos não judeus, Paulo é o primeiro a praticar o diálogo com as culturas. Do fariseu que tinha todas as proibições já estabelecidas, ao cristão que aconselha os outros cristãos "Discerni tudo e ficai com o que é bom" (1Ts 5,21), há uma distância extraordinária. Mas é importante a orientação oferecida, sobretudo para nosso tempo, marcado pelo pós-moderno e pelo subjetivismo estimulado pelas mídias sociais. Qual princípio seria mais útil às pessoas de nosso tempo e seus dedos ágeis e olhares insaciáveis de um pequeno celular que ocupa todos os espaços, às vezes, até indevidamente, invadindo e atropelando nossa vida? "Discerni tudo e ficai com o que é bom" nos ajuda a sermos senhores e não escravos das mídias sociais e de seu insaciável assédio.

Para os que frequentam as celebrações dominicais, é importante o estudo de Paulo e o conhecimento de seu evangelho, pois os seus textos aparecem quase, invariavelmente, todos os domingos, como segunda leitura. E é bom relembrar a finalidade da segunda leitura como alimento à mesa da Palavra. Normalmente, a primeira leitura prepara o tema, o evangelho corrige, aperfeiçoa, amplia (conforme o caso), e a segunda leitura –

embora seja leitura contínua dos trechos mais significativos – pretende ser uma luz para a ação pastoral e o testemunho diário.

Para aqueles que buscam temas de espiritualidade nas cartas de Paulo, é importante terem presente o ponto de partida, o eixo central, o "norte" que moveu o apóstolo Paulo. Para ressaltar esse eixo central, é oportuno recordar que ele o recebeu em uma experiência mística, de onde e para onde a espiritualidade deve tender...

A você, que me acompanhou até aqui com paciência, desejo graça e paz, como Paulo desejava a todas as comunidades que receberam algum escrito seu. Que a graça e a paz de Deus estejam com você.

ÍNDICE

INTRODUÇÃO 5

I. O EVANGELHO DE PAULO 9
   1. O significado da palavra "evangelho" 9
   2. Paulo "apóstolo"? 12
   3. O "sacerdócio" de Paulo 18

II. PARA PAULO, O QUE É EVANGELHO? 25
   1. Como Paulo chegou a essa descoberta 26
   2. Dinâmica e finalidade do Evangelho 30
   3. O batismo: resposta positivade de quem
      aderiu ao Evangelho pela fé 34
   4. O mandato recebido no batismo:
      uma comunidade de irmãos 36
   5. Olhando de longe a meta a ser atingida:
      a esperança que fortalece a caminhada 39

III. DE QUEM PAULO APRENDEU O EVANGELHO? 43
　1. O Evangelho de Paulo: fruto de experiência mística? 44
　2. A experiência mística 46

IV. QUANDO A CAMINHADA DO EVANGELHO ENCONTRA OBSTÁCULOS 51
　1. Paulo nada fez contra a escravidão!? 51
　2. Paulo era misógino!? 63

CONCLUSÃO 73

A marca FSC® é a garantia de que a madeira utilizada na fabricação do papel deste livro provém de florestas que foram gerenciadas de maneira ambientalmente correta, socialmente justa e economicamente viável.

Este livro foi composto com as famílias tipográficas Frutiger, Segoe e Times New Roman e impresso em papel Offset 75g/m² pela **Gráfica Santuário.**